DICHTERWETTSTREIT *deluxe*

© 2024 Dichterwettstreit deluxe, Villingen-Schwenningen
www.dichterwettstreit-deluxe.de/impressum

Satz & Lektorat: Elias Raatz
Design & Umschlaggestaltung: T-Sign Werbeagentur
Druck: BOD GmbH, Norderstedt

ISBN: 978-3-98809-027-0
ISBN E-Book: 978-3-98809-028-7

www.dichterwettstreit-deluxe.de

Silke Weißenrieder

Kotze vor der Kreissparkasse

Die Größe eines Klangholzes ist eigentlich relativ durchschnittlich und weitere Erzählungen

DICHTERWETTSTREIT *deluxe*

Über die Autorin

Silke Weißenrieder (*1975) ist gestählt aus über zwanzig Jahren Elternabend und tritt seit 2022 bei Literaturveranstaltungen auf. Sie gehört zu den Spätberufenen der Kunstform Poetry Slam und wollte nur schauen, wie sie die Bühne nervlich so aushält. Schnell verliebte sich aber das Publikum in sie und sie in die Bühne.

Im „echten" Leben ist Silke Weißenrieder Lehrerin an einer Werkrealschule, schaut ihren Schützlingen beim Erwachsenwerden zu und sagt manchmal cringe Sachen zu ihnen, die ihr aber meistens verziehen werden. Nebenher schreibt sie Kolumnen für eine regionale Zeitung, die Brigitte und die Plattform Eltern.de.

www.diekleinepaukerin.de

@diekleinepaukerin auf Instagram

Inhaltsverzeichnis

Bemerkungen zu Beginn
oder: Was für ein cooles Ding, oder?

Hätten Sie nicht zumindest etwas Spaß bei einem Poetry Slam, ein grundlegendes Interesse für Abhandlungen über die Conni-Bücher oder eine meiner Veranstaltungen besucht, würden Sie diese Zeilen hier gar nicht lesen. Danke, dass Sie es tun. Auch wenn Sie dieses Werk einfach nur so gefunden oder sich lediglich ob des grandios von meinem Lektor erdachten Titels für den Kauf entschieden haben.

Warum auch immer Sie aktuell diese Vorbemerkungen lesen, es freut mich sehr, dass Sie da sind! Herzlich willkommen in meiner Gedankenwelt, zusammengefasst in wenige pointierte Texte, mit denen ich Sie gerne zum Lachen und Schmunzeln bringen will.

Erinnern Sie sich noch an die Pandemie? Natürlich tun Sie das, das tun wir alle. Wie schön ist es, dass wir alle wieder Kultur erleben können. Ich denke, es ist einerlei, ob jemand Texte schreibt oder sie sich vortragen lässt, ob jemand Musik macht, diese gern hört oder ins Kino geht: Kultur ist immer ein Versuch, die Welt zu

reparieren – und dabei vielleicht auch ein biss-
chen die eigene Seele. Vielleicht war das auch
meine Motivation, im Jahr 2022 mit dem Schrei-
ben zu beginnen. Also natürlich nicht nur das
Reparieren der eigenen Seele, denn ich bin auch
der festen Überzeugung, dass es weniger Ver-
einendes und Heilendes gibt als eine gehörige
Portion Humor, Lachen und Spaß.

So habe ich mich neben meinem Lehrerin-
nenberuf dazu entschieden, ab und zu etwas
Literarisches zu schreiben und mich damit auf
Bühnen zu stellen – erstaunlicherweise zur Be-
geisterung des Publikums. Und nun also dieses
Buch, dessen bloße Existenz mich noch immer
staunend zurücklässt. Was für ein cooles Ding,
oder was sagen Sie?

Ich danke ganz herzlich meinem Verlag
Dichterwettstreit deluxe und ganz besonders
Elias Raatz als Verleger und meinem Lektor, der
mit so viel Leidenschaft ab der ersten Sekunde
immer an mich geglaubt hat.

Dann stürzen wir uns nun aber rein in das,
was da auf den nächsten Seiten kommen mag!
Ich bin gespannt. Schauen wir mal, was wird.

Wie man Gedichte vollkommen korrekt interpretieren sollte
oder: Ein Bett im Kornfeld sowie weitere lyrische Meisterwerke

Die von mir im entsprechenden Fach unterrichtete Klasse 10 hat in dieser Woche die Deutschprüfung geschrieben. Lang und breit habe ich sie zuvor über das damit einhergehende Klein-Klein informiert, wie, dass sie neben festgelegten Aufgaben auch aus verschiedenen Aufgabenstellungen wählen können.

2024 konnten sich die Schüler*innen beispielsweise als Aufgabe zur Textproduktion zwischen einer Gedichtinterpretation, einer Erörterung basierend auf einem Text oder einer Grafik sowie einer Interpretation eines Prosatextes entscheiden.

Man könnte sagen, die Schüler*innen hatten die Qual der Wahl, wobei einige unter ihnen eher von einer Wahl der Qual sprechen würden. Deutsch als Unterrichtsfach in der Schule liegt halt wirklich nicht jedem, das bekomme ich als Lehrerin quasi an vorderster Front jeden Tag aufs Neue mit.

Jedenfalls hatte ich vor der Prüfung eindrücklich davor gewarnt: Nehmt nur das Gedicht, wenn ihr euch damit wirklich sicher seid. Da kann so viel passieren an Missinterpretation, vor allem dann, wenn man den Fokus auf Oberflächlichkeiten richtet und so den Gesamtkontext aus den Augen verliert.

Ich möchte beispielhaft einen Auszug aus der Arbeit einer Schüler*in zum Gedicht „Der Mond ist aufgegangen" von Matthias Claudius vortragen, der deutlich misslungen ist. Die betreffende Person schrieb zum Werk:

„Das Gedicht besteht aus sieben Strophen mit sechs Versen, wobei die ersten fünf Verse einen dreihebigen Jambus aufweisen. Als Stilmittel finden sich Metaphern, Alliterationen, Anaphern, eine Antithese und ein Imperativ."

So geht das selbstverständlich nicht! Vergessen wir also diese stümperhafte Annäherung schnell wieder und nähern und dem Thema etwas intensiver.

Kehren wir gemeinsam ein in die wunderbare Welt der Dichtung …

Zunächst möchte ich eine Zeile eines mir sehr liebgewonnenen Klassikers zitieren:

„Olé, wir fahr'n in Puff nach Barcelona! Olé olé, olé olé. Olé, wir fahr'n in Puff nach Barcelona! Olé, olé, olé, olé."

Wer an dieser Stelle ob dieser Zeilen schockiert ist oder sich gar nur ein müdes Lächeln abringen konnte, hat meiner Meinung nach keinerlei tiefer gehendes Verständnis für die hohe Kunst deutscher Lyrik.

Diese durch den Dichter Mickie Krause verfassten Zeilen enthalten beispielsweise eine elementare Botschaft, die sich aus seinem phonetischen Feuerwerk herauslöst:
Nicht nur ICH, nein, WIR fahren in (den) Puff nach Barcelona. Das lyrische Ich ist hierbei ein Mensch, der sich ganz und gar der Gemeinschaft verschreibt, das weiß: Vollkommenes Glück ist nur geteiltes Glück. Dabei sprengt der Protagonist die engen Grenzen der eigenen Herkunft: Er strebt nicht das Etablissement in der nächstgrößeren Stadt an, nein, er treibt seinen Freund gar dazu an: „Komm, wir fahr'n in Puff nach BARCELONA."

Auch beim folgenden beispielhaften Werk muss man definitiv in die Tiefe gehen:

„RADLER ist kein Alkohol, Radler ist KEIN Alkohol, Radler IST kein Alkohol."

Wer kennt sie nicht, die Geschichte, welche der Lyriker Rick Arena uns 2015 geschenkt hat: Sie handelt von drei Kollegen, die beim Hamburg-Urlaub in einer Kneipe festsitzen, da es zu spät für die öffentlichen Verkehrsmittel ist und die Reeperbahn bereits geschlossen hat. Sie hatten auf Whiskey gehofft, doch vom miesgelaunten Barkeeper erhalten sie nur Radler. Völlig korrekt und verständlich die Reaktion der drei Protagonisten: „… da rasteten sie aus!"

Hier wird exemplarisch erneut deutlich, dass diese meisterhafte, lyrische Musikrichtung des Deutschen Schlagers zu Unrecht völlig verkannt wird. Es ist die Stimme des einfachen Volkes, die da spricht, und sie trifft uns mitten ins Herz und ja, sie prangert gar Missstände an!

„Radler ist kein Alkohol." Der allwissende Erzähler spricht die Enttäuschung des einfachen Mannes an, der einmal mehr vom Leben erwartet hat. Vor der Ehe große Hoffnung, dann die Heirat und später jähe Ernüchterung. Ja, dieser Zug ist abgefahren, ich zitiere:

„Und nach Hause keine Bahn."

Zuletzt möchte ich noch einen wahren Leckerbissen der lokalen Festkultur präsentieren, der in dieser Aufzählung nicht fehlen soll und es auch nicht darf. Selbstverständlich handelt es sich um die lebendige Legende Ikke Hüftgold, der das lyrische Ich wirklich überzeugend verkörpert. Er ruft uns allen von Herzen seine Herzensbotschaft zu, ich zitiere:

„Ikke Hüftgold wünscht allen Gästen dicke Titten, Kartoffelsalat!"

Ja, es handelt sich hierbei um einen meisterhaften Künstler der Provokation. Dabei hat er unverkennbar Anleihen beim großen Dichter und Denker beziehungsweise beim großen dichten Denker Jürgen Drews gemacht. War nicht schon das „Bett im Kornfeld", das immer frei ist, ein herzliches Angebot an alle Menschen, sich wohlzufühlen?

Die Fragestellung, ob das lyrische Ich den Gästen selbst eine gigantische Oberweite wünscht oder ob deren Gegenüber ihnen diese zur Verfügung stellen soll, wird hier bewusst offengelassen. Ikke Hüftgold skizziert das Bild paradiesischer Glückseligkeit des Spießbürgertums: dicke Titten, Kartoffelsalat.

Der Refrain seines Werks schließt mit einer rhetorischen, ja, anklagenden Frage im Stil einer offenen Kurzgeschichte:

„Wo sind die Titten für Ikke?"

Und so lässt er die Konsument*innen dieses Textes mit dieser letzten Zeile ratlos zurück. Ja, wo sind sie denn? Ich habe sie nicht gesehen. Niemand weiß wirklich, wo sie sind. Ja, dieser Text bringt zum Nachdenken und rüttelt auf.

Wofür steht eigentlich der Kartoffelsalat? Es war ein deutscher Bauer namens Hans Rogler, der während des Dreißigjährigen Kriegs die ersten Saatkartoffeln von einem holländischen Soldaten überreicht bekam. Seitdem gehört diese Knolle des Lebens zur deutschen Leitkultur wie Fliesentische und Schrankwände.

Dicke Titten – Kartoffelsalat. Es ist die Erfolgsgeschichte DER beiden, die sich ganz in den Dienst des Nächsten stellen: Erst kümmerst du dich bitte im Garten um die Knollen des Lebens, bevor ich mich um deine dicken Titten kümmere.

Ich hoffe sehr, mit dieser ersten Erläuterung konnte ich eine neue Leidenschaft für Gedichte und die deutsche Sprache entfesseln.

Bei Interesse empfehle ich gerne meinen thematisch passenden Folgefachvortrag mit dem Schwerpunktthema:
„Über 10 nackte Friseusen mit richtig feuchten Haaren und die Auswirkungen des Kleidungs-Verzicht auf die Handwerkskunst"

Und natürlich empfehle ich von ganzen Herzen auch meinen Lieblingsvortrag:
„Unerforschte maskuline Fehleinschätzungen im niedrigen Zentimeterbereich am Beispiel von ‚Das sind nicht 20 Zentimeter, nie im Leben, kleiner Peter'".

Zwischenspiel: Man wird halt auch nicht mehr jünger

Ich habe jeden Tag das Gefühl, einen Tag älter zu werden. Das machen mir zum einen die Jugendlichen in der Schule ständig klar, wenn sie beispielsweise zwar Micki Krause und natürlich Ikke Hüftgold inbrünstig mitsingen können, jedoch bei einer Legende wie Jürgen Drews nur verwirrt mit den Schultern zucken. Doch auch meine eigenen Kinder lassen mich immer wieder spüren, dass ich doch ein paar Jahre älter bin. Gerade dann, wenn sie Party machen.

Neulich kam mein mittlerweile volljähriger Sohn um 14 Uhr von einer Party nach Hause. Da er sofort wieder weg wollte, fiel sein Bericht zur Nacht verhältnismäßig kurz aus:

Es sei gegrillt worden und zu später Stunde habe man Bierpong und Biertornado gespielt. Viele Partygäste hätten geknutscht, einer geheult und eine gekotzt. Sie hatte es allerdings leider nicht mehr rechtzeitig aufs Klo geschafft. Unterwegs zur Tanke habe man dann noch eine Person verloren, aber schnell wiedergefunden, denn sie sei nicht mehr sooo gut zu Fuß gewesen. Und als der Sohn heute Morgen aufgewacht sei, habe er zwischen zwei Frauen gelegen, allerdings rot lackierte Fingernägel gehabt. Eine ganz normale Party eben.

Mein Mann und ich würden auch gern einmal wieder ganz normal feiern. Wie früher. Aber die Partys haben sich verändert. Was früher Chili con Carne war, ist heute Linsensalat – ohne Carne. Linsensalat. Und Dips. Aus dem Thermomix. Und immer nimmt gerade jemand ab (das bin manchmal ich) oder sollte damit anfangen (das bin auch manchmal ich). Oder jemand muss früh raus.

Irgendwie war das alles früher lustiger. Und WENN mal endlich einer kotzt, dann nur, weil er das frische Basilikum nicht vertragen hat.

Aber so verhält es sich eben, wenn man älter wird. Ist eben nicht mehr ganz so wild, eine Eskalation in den Vierzigern …

Eskalation in den Vierzigern
oder: Von der Ehe und Callboys

Ich nehme an, die ein oder andere diesen Text lesende Person ist eventuell verheiratet. Oder war es einmal. Ich habe gelesen, jeder vierte Mann geht ab und zu ins Bordell. Bei Liveveranstaltungen, wo ich auf der Bühne stehe, checke ich das dann gerne per Handzeichnen gegen. Das funktioniert nur leider nicht besonders gut.

Jedenfalls scheint die Corona-Pandemie eine harte (oder eben nicht harte) Zeit für viele Männer gewesen zu sein, als die Bordelle geschlossen hatten. Das alles, während viele auch noch im Homeoffice beschäftigt waren und neben der Arbeit noch Wichtiges geleistet haben. Zum Beispiel, den Haushalt so richtig auf Vordermann zu bringen. Seit der Pandemie haben wir zu Hause nun Lampen mit Bewegungsmeldern – die ich nicht brauche, denn wir haben ja Lichtschalter. Ich vermute, es waren die Frauen, die vor den Landtagen verzweifelt an den Türen gerüttelt haben, mit Transparenten, auf denen stand: „Macht wenigstens ENDLICH die

Bordelle wieder auf!" Hauptsache, die Männer kommen daheim mal raus.

38,5 Prozent der Ehen werden durchschnittlich nach 14,7 Jahren geschieden. So habe ich inzwischen viele Freund*innen, die sich nach Alternativen umschauen müssen/wollen und bei verschiedenen Dating-Apps registriert haben.

Das Anstrengende an diesem Dating ist ja, dass man sich und sein Leben immer darstellen muss wie der geilste Scheiß. Man muss sich irgendwie von den anderen User*innen abheben. Wenn man mit jemandem länger als drei Tage schreibt und die Rede dann auf vergangene Beziehungen kommt, dann sagt man nicht: „Meine Ehe war schlimm in den letzten Jahren." Sondern man sagt ganz verwegen: „In den letzten Jahren sind Dinge passiert, auf die ich wirklich nicht stolz bin." Dann grinst man bescheuert.

Eine gute Freundin von mir, Susanne, ist seit über einem Jahr wieder single und hat sich neulich mit einer Person via Dating-App getroffen: Horst, 51, Häuslebauer, auch geschieden.

Sie meinte vor dem Treffen bei einem Espresso-Martini zu mir: „Vielleicht mach' ich's einfach wie die Tinder-Generation. Einfach mal so ein bisschen rummachen, Sympathie reicht ja vielleicht. Ich will mich sicherlich nicht verbiegen für irgendjemanden."

„Ja", habe ich geantwortet, „ist doch auch wichtig, dass man ist, wie man ist."

„Du hast mich nicht verstanden", sagte sie, „wenn ich mir jetzt alle Körperhaare epilieren soll wie die Zwanzigjährigen, dann muss ich mich verbiegen und hab schon Rücken, bevor es überhaupt losgeht."

Ja, Dating-Apps. Oder Soziale Netzwerke. Ich liebe sie ja. Und hasse sie auch. Sehr unterhaltsam. Und mega frustrierend. Kennt ihr diese dauerhaft beschäftigten und total überanstrengten Menschen auf diesen Plattformen?

„Oh my god, I'm so busy. Und jetzt, jetzt geh' ich ins Gym. Und ich hab' eine Stunde Zeit, eure Fragen in der Instastory zu beantworten, aber nur eine, denn dann bin ich wieder busy und sitz' mit Laptop in meinem Coworking-Space. Und jetzt gleich, jetzt gleich, oohhh, nehm' ich mein isotonisches Getränk und die Banane, die Banane, die nehm' ich, und dann mach' ich einen deepen Deepthroat mit der Banane, so deep ist dieser throat, dass ich die Kamera anmache, schau doch, wie geil ich bin!"

Wenn ich aufs Laufband gehe – ne, falsch – als ich einmal aufs Laufband gegangen bin, das war 2015, da musste ich mich aufs ATMEN konzentrieren – und zwar schon VOR dem Training! Denn der Parkplatz war echt weit weg!

Meine Freundin Susanne hat sich nach dem nicht so gut verlaufenen Date (Horst trug Socken in Sandalen!) schließlich über Callboys informiert. Ihr wurde ganz schwindelig, aber bei der breiten Angebotspalette waren wir noch gar nicht. Es waren die Preise, von denen manch andere Sexarbeiter*innen nur träumen können – 500 Euro für eine bisschen Spaß. Ich zitiere aus dem Internet: „Auf diesen Seiten erhalten Sie den Zugang zu vertrauensvollen Begegnungen in Ihrer Umgebung ohne langes Drumherum und Stress." Klingt eigentlich gut.

Da gab es Callboy Kevin, Callboy Ramon und so weiter, allesamt gute Zuhörer und so gut gepflegt wie ein Oldtimer-Auto in der Garage eines gar fetischistischen Sammlers. Im

Angebot gab es Alibi- und Urlaubsbegleitung, Haus- und Hotelbesuch, verbotene Abenteuer und natürlich das beliebte Verwöhnwochenende („Topseller").

Susanne meinte: „Was mach' ich denn, wenn ich mich mit einem der Boys treffe, und er verzichtet lieber auf die 500 Euro?"

„Ach", antwortete ich, „sooo hoch wird er die Latte schon nicht hängen."

Und „Liebe italienisch" gab es natürlich auch im Angebot. Liebe italienisch? Weiß jemand, was das ist? Wir haben das damals dann gegoogelt. Das ist, wenn der Mann sein bestes Stück in der weiblichen Achselhöhle …

Ich hab' zu Susanne gesagt: „In deiner Achselhöhle? Lies mal nach, WER von euch beiden dann Geld bekommt."

In diesem Sinne: Eskaliert gern schonungslos, aber passt auf euch auf!

Zwischenspiel: Künstlerischer Spaß und spaßige Kunst

Mittlerweile sollte durch die vergangenen Texte klar geworden sein, dass ich mir meinen Lebensunterhalt neben etwas künstlerischem Spaß und spaßiger Kunst vor allem als Lehrerin verdiene. Ich unterrichte an meiner Werkrealschule vor allem Schüler*innen im Alter von 15 bis 17 Jahre in den Fächern Deutsch und Geschichte, zumindest wenn nichts dazwischenkommt. Ab und zu nehme ich darauf in meinen Texten Bezug und lasse auch das ein oder andere Zitat aus dem Unterrichtssaal fallen. All das ist natürlich vollkommen fiktional und ich hoffe, dass sich keine Schüler*innen persönlich angesprochen fühlen. Zwinkersmiley.

Meine künstlerischen Ergüsse sind meinen Schüler*innen wie auch meinen eigenen Kindern übrigens ziemlich egal. Neulich zeigte ich meinen Jungs freudig meine neue Kolumne. Als Antwort gab's nur ein Grunzen, verbunden mit der Frage: „Gehst du heute noch einkaufen?"
Ja, Kinder geben so viel zurück.

Kotze vor der Kreissparkasse
oder: Die Größe eines Klangholzes ist eigentlich relativ durchschnittlich

Letzte Woche ging in meiner neunten Klasse eine halbe Stunde zur Weimarer Republik drauf, weil alle über einen Namen für die Jungenmannschaft fürs Fußballturnier gestritten haben. Sie heißen jetzt „Juventus Urin".

Ja. Das ist mein Job. Du bist mittendrin in Streit, Missgunst, Zickenterror, übler Nachrede – und irgendwann verlässt du das Lehrerzimmer. Bei den Schüler*innen ist es aber auch nicht wirklich anders!

Neulich habe ich mich in unserem verwaisten Raucherkeller niedergelassen. Ich bin die Einzige an der Schule, die es noch nicht aufgehört hat. Vermutlich greifen die meisten Kolleg*innen jetzt zu härteren Drogen, ich weiß es aber nicht mit Sicherheit.

Auf jeden Fall hatte ein Neuntklässler meine Rauchaktion gerochen und sagte zu mir: „Rauchen Sie immer noch?"

Ich habe mich ein wenig geschämt, während er mir aufmunternd auf die Schulter tätschelte und meinte: „Ach, das wird schon noch, Frau Weißenrieder, mit der Rauchentwöhnung. Ich bin total stolz auf mich, denn ich hab's letzten Monat geschafft, endlich mit dem Vapen aufzuhören – mit so einem TikTok-Account."

Verrückte Welt. Manchmal denke ich, die jungen Leute wissen schon alles, manchmal denke ich, die werden es auf keinen Fall schaffen, zwei Tage allein zu überleben.

Eines Tages habe ich der Biolehrerin beim Aufklärungsunterricht geholfen. Meine Kollegin gab mir mehrere Päckchen Kondome mit und dazu zehn von ihrem Ehemann gedrechselte Holzpenisse in der Größe einer Literflasche Haberschlachter Heuchelberg. In den Augen der Mädchen: sprachloses Entsetzen. In den Augen der Jungs: tiefe Frustration.

Ich habe dann gesagt, dass das jetzt nicht unbedingt sooo realistisch ist. Dazu meinte eine Schülerin: „Die Klanghölzer aus dem Musikunterricht, DIE sind realistisch." Fair enough.

Wir kamen dann noch so ins Plaudern und ich meinte: „Diese Filmchen, die man im Internet so findet, das ist alles nicht realistisch, echt nicht. Nehmt euch da kein Beispiel dran."

Daraufhin tätschelte mir einer der Schüler die Schulter und sagte: „Ach, Frau Weißenrieder, Pornos guck' ich schon lang nicht mehr!"

Die typischen Bilder, wie Männer und Frauen sind oder sein sollen, sind natürlich auch immer wieder Thema.
Und was sind eigentlich queere Menschen?
Wann ist man erwachsen?
Und ist die Größe eines Klangholzes wirklich mehr oder weniger normal?
Ja, und was bedeutet eigentlich dieses Erwachsenwerden genau?

In anderen Kulturen ist die letzte Frage zumindest oft schnell beantwortet. Dort gibt es teils verschiedene Initiationsriten, die uns in Deutschland irgendwie fehlen. Etwas, dem sich 14- bis 18-jährige Teenager unterziehen müssen, um danach kein Kind mehr zu sein, sondern eben Erwachsene.

In Südkorea wird beispielsweise die alte Tradition Gwan Rye aus konfuzianischer Zeit wieder aufgelebt, bei der am dritten Montag im Mai Jugendliche im Alter von zwanzig Jahren in koreanischer Tracht eine mit Ornamenten besetzte Haarnadel tragen.

So soll durch den Festakt Vertrauen in die eigene Reife gefasst werden und sich der eigenen Verantwortung innerhalb der Gesellschaft bewusst gemacht werden.

Bei den Apachen wiederrum gibt es die Sonnenaufgangs-Zeremonie (Na'ii'ees), bei welcher junge Frauen ein Tipi bauen, daneben gibt es dann Gebete, Gesänge und Tänze.

Bei uns auf dem Land werden zwar auch Zelte aufgebaut, aber nicht von den fast Erwachsenen, sondern vom Bauhof. Oder der freiwilligen Feuerwehr. Und das einzige Initiationsritual, das mir einfällt, ist Saufen. Gerne in einem von der freiwilligen Feuerwehr aufgestellten Bierzelt, dessen Name das Saufen schließlich bereits beinhaltet. Vielleicht ist auch das unser deutscher Initiationsritus:

Saufen mit dreizehneinhalb unter dem anerkennenden Blick des Vaters zu den Klängen einer bemühten Coverband, die dir die Gehörgänge rasiert mit „Atemlos durch die Nacht", „Endlich wieder bumsbar" oder „Ohne dich schlaf' ich heut' Nacht nicht ein".

Natürlich nur ein echtes Erlebnis, wenn man sich nach einer durchzechten Nacht ins vom Partnerschaftsausschuss finanziere Blumenbeet mit der Aufschrift „carpe diem" vor der Kreissparkasse erbricht.

Denn, auch das wird der Heranwachsende noch erfahren, schon der Vater/Onkel/große Bruder hat genau da reingekotzt! Das ist eben unsere deutsche Leitkultur.

Wenn der Junge aber endlich zum Mann geworden ist, zählt in Deutschland nur noch der wichtigste männliche Feiertag im Jahr: der Vatertag. Mir wäre am Abend des vergangenen Vatertags beinahe die Bierdose aus der Hand gefallen, als in den Nachrichten vermeldet wurde, die Polizei sei mit dem Verlauf des Tages außerordentlich zufrieden gewesen. Schließlich habe es keine größeren Krawalle gegeben. Krass.

Ich habe mir mal vorgestellt, wie das wäre, wenn der Muttertag auch so verlaufen würde. Da würden Polizeiposten morgens Verstärkung bekommen und man würde die Polizist*innen ängstlich wispern hören: „Boah, mal gucken, ob die ganzen Mütter wieder abdrehen. Hoffentlich saufen sie nicht so viel, prügeln sich oder urinieren wild durch die Landschaft!"

Wenn Männer medial zu ähnlichen Themen befragt würden wie Frauen, hätte ich ziemlichen Spaß an Fragen wie:
„Herr Scholz, Sie sind ja jetzt Kanzlerin und haben viel zu tun. Ihr Teint sieht allerdings blendend aus. Bitte verraten Sie uns Ihr Beautygeheimnis?"

Oder:
„Herr Scholz, glauben Sie auch, Sie sind viel zu emotional, um Kanzlerin zu sein?"

Oder man sagt zum Wendler:
„Sie hatten ja mächtig Stress mit den Medien. Wie schaffen Sie es, Ihrer 50 Jahre jüngeren Freundin so ein harmonisches Heim zu zaubern? Oder ist Ihnen das – EGAL?!"

Und wenn es für Männer so viel Werbung gäbe wie für Frauen, fänden sich darin vielleicht Überschriften wie:
„So verwöhnen Sie Ihre Partnerin – grillen Sie doch mal ohne Höschen!"

Oder:
„Fünf Lifehacks, wie man eine Erektion versteckt, wenn sie ungelegen auftaucht."

Oder:
„So rülpsen Sie das ABC mit Leichtigkeit."

Oder auch:
„Fancy Grills, mit denen Sie immer den Größten haben!"

Ich habe mir ja vorgenommen, dieses Jahr mal einem Fachmann am Bau hinterher zu pfeifen. So richtig laut, vielleicht noch mit wilden Hüftbewegungen:
„Ey, was geht? Geiler Helm!"

Zwischenspiel: Auf „Conni kifft" folgt „Conni kotzt ins Auto"

Nach all den schulischen Aspekte und dem ganzen Rest, machen wir nun einen kleinen gedanklichen Sprung hinein in die fabelhafte Welt der Kinderbücher. Zumindest in eine Reihe von speziellen Kinderbüchern, die ich mir nach langer Zeit wieder durchgelesen hatte und die dann doch die ein oder andere Frage in mir auslösten.

Kennt ihr eigentlich Conni? Blond, rote Schleife? Für alle, die Conni nicht kennen: Sie ist die Titelheldin besagter Kinderbuchreihe, ein angepasstes Vorzeigekind aus gepflegter Gegend. Sie hilft permanent ihrer dominanten Mutter, probiert alle Hobbys aus und muss oft zum Arzt. Ja, Conni war auch in der Erziehung meiner Kinder eine wichtige Säule. Wir gehen zum Zahnarzt: Yeah! Röntgen: Yippie! Der Mutter helfen: Auf jeden Fall!

Trotzdem hasse ich diesen Prototypen der Vorzeigefamilie. Diese Perfektion macht nämlich wirklich Druck. Wie schön wäre es denn, wenn Conni mal ein realistisches Leben führen und mit den Kindern mitwachsen würde? Der Vater meiner Kinder und ich erfinden wütend schon seit Jahren alternative Conni-Buchtitel. Buchtitel, die einfach näher an der Realität sind. Weil die heile Conni-Welt nicht immer so rosig sein kann, wie sie immer beschrieben wird.

Bei unserem thematischen Titel-Brainstorming ist der ein oder andere Hit dabei gewesen. Zum Beispiel, „Conni wischt bei Tinder immer nach rechts", „Conni zockt heute definitiv länger als dreißig Minuten" oder „Conni heißt jetzt Konrad" (und diesen Titel würde ich mir von ganzem Herzen wünschen!). Oder auch die aufeinander aufbauende Serie mit den Titeln „Conni kifft" gefolgt vom Bestseller-Band „Conni kotzt ins Auto".

Aber viel interessanter als Conni selbst finde ich jetzt gerade in meinem persönlichen Lebensabschnitt Connis Mutter, was uns zum nächsten Text meines Buches bringt. Er trägt eigentlich die Überschrift „Connis Mutter", oder, wie meine Schüler*innen sagen würden, „Der Conni ihre Mutter", denn in Schwaben braucht man keinen Genitiv.

Der Conni ihre Mutter
oder: Dinkel ist halt auch nur scheiß Weizen, googelt das mal!

Der Conni ihre Mutter macht immer alles richtig und ihre Geduld ist unendlich. Der Conni ihre Mutter würde während der Hausaufgabenzeit ihrer Kinder NIEMALS zur Kettenraucherin werden. NEIN! Und sie würde auch nach zwei Stunden Schreibschrift üben und subtrahieren NIEMALS zu ihrem Kind sagen: „Gib mir jetzt das Scheißbild, ich mal es für dich an! Schön über den Rand. Merkt kein Mensch.“

NEIN! Connis Mutter würde Gemüsesticks reichen und Kinderyoga einbauen. Und an ihrem scheiß Mindset arbeiten.

Ich will sowas lesen wie
„Connis Mutter schließt sich im Klo ein“,
„Connis Mutter ist definitiv zu unbeweglich für Tantra-Yoga“
oder noch krasser „Connis Mutter macht heute Tiefkühllasagne“.
Es wäre hervorragend gewesen, sowas ein wenig Realistischeres zu lesen.

Meine Kinder sind jetzt 22 und 16 Jahre alt und ich habe wieder mehr Zeit für mich. Was macht eigentlich Connis Mutter jetzt? Ach, die startet beruflich bestimmt voll durch! Komisch. Connis Mutter ist irgendwie immer zu Hause, arbeitet aber als Kinderärztin. Klar. In Connis Welt ist sowieso niemand arbeitslos, überfordert oder hat einfach keinen Bock.

Ich selbst habe in den letzten Monaten komische Sachen gemacht. Ich war sogar mal bei einem Hormoncoaching, weil ich meine Schüler*innen durch wirklich cringe Jugendsprache gequält habe.

„Wer sich lost fühlt, schaut random mal ins Lösungsheft“, habe ich gesagt.

Außerdem habe ich auf einmal nur noch megaaggressiven Deutschrap gehört. Und dabei sehr entschlossen mein Leberwurstbrot gekaut. Und ich fühle das so. Alter. Außerdem wurden Beavis und Butt-Head, wie ich meine Brüste getauft habe, schlagartig ganz unruhig. Für alle jüngeren, knackigeren Menschen: Beavis und Butt-Head (übersetzt: Vollidiot und Arschgesicht) sind Charaktere aus einer alten Serie. Die verbringen dort ihre Freizeit damit, MTV-Musikvideos zu kommentieren, ansonsten quälen sie Kinder. Das kommt meiner Jobbeschreibung recht nahe. Entstanden ist die Serie in den Neunzigern, das war auch das Jahrzehnt, in dem ich damit begonnen habe, die beiden zum ersten Mal ergebnisorientiert einzusetzen.

Naja, kurz gesagt, ein Zustand der Wuschigkeit traf mich wie ein Hammer. Kennt das jemand? Neulich habe ich mich mit dem Mann auf das Sofa geworfen. „Huch, du bist ja schon voll bereit", hauchte er mir ins Ohr. „Komisch, ich merke noch gar nix", flüsterte ich. Aber es war nur die restliche Pizza Vier Jahreszeiten, in die er da gegriffen hatte. Ich schweife ab.

Ist Connis Mutter auch wuschig?
Der Vater meiner Kinder findet Apache 207 scheiße, mit meiner Wuschigkeit hingegen kommt er eigentlich ganz gut klar. Der Hormoncoach stellte fest: „Jo, alles durcheinander. Pubertät, nur rückwärts. Bäm! Außerdem bist du Ende 40. Ich bin ja gespannt, was du jetzt mit dieser Superkraft noch anfangen kannst – in deinem Alter."

Dann habe ich mich auch noch auf Instagram angemeldet. Hm. Neulich habe ich jemanden getroffen, den ich nur online kannte. Also von Instagram, Videos und Telefonaten.

Ich brachte Beavis und Butt-Head und den Rest von mir in irgendeine Form und dachte: „Fuck. Das hast du jetzt davon, wenn du Fotos postest, auf denen du aussiehst, als wärst du eine super sexy Milf". So bezeichne ich mich übrigens seit einiger Zeit auch selbst, seitdem ein Freund von mir neulich meinte: „Im Grunde genommen hast du eine Milflifecrisis."

Als wir uns dann gegenüberstanden, meine Internetbekanntschaft und ich, dachte ich mir: Wow, was? Hä? Okay? Denn der kannte wohl den Fototrick auch!

Zwischenspiel: Der Bofrost-Mann

Neulich war der Bofrost-Mann bei uns an der Tür. Eigentlich wollte ich ihn wegschicken, aber habe mich mal wieder total einwickeln lassen. Ich bin allgemein anfällig für sympathische Door-to-Door-Verkäufer (direkt vor Ort nützt ja auch kein Fototrick etwas!). Vor allem aber bin ich anfällig für sexy Dialekt. Und den hatte der Mann leider: „Wir chaben gute Angebot. Schauen Sie. In einer Stunde nochmal chomme ich und schaue."

Tja, somit hatte ich einiges an Tiefkühlfraß im Haus, obwohl wir gar keine Tiefkühltruhe besitzen. Im Kühlschrank lagen dann ein paar Tage das Röschen-Trio und die Schenkel des Hünchens, bevor mein Mann die wässrig-aufgetauten Verpackungen wegschmiss.

Ich glaube, ich bin das perfekte Opfer für Haustürgeschäfte. Neulich war der Johanniter-Mann da, scharfer Dialekt, jetzt bin ich Mitglied. Da gibt's bestimmt Seiten im Internet zu finden, wo steht: „Der Milf mit Hausnummer 25 schicken wir nicht Elke, sondern Dimitri – wegen des Dialekts!"

Wenigstens hat sich mein Problem mit dem Bofrost-Mann gelöst. Zum Abschied sagte er nach erfolgreichem Verkauf noch dankbar: „Super, gude Appetit, meine Prinzessin."

Allerdings hasse ich Prinzessinnen …

Märchen
oder: Ich hasse Prinzessinnen, E-Bikes und isotonische Getränke

Ich mag keine Prinzessinnen, die mit einer goldenen Kugel spielen, und das ausgerechnet am Rand eines Brunnens. Oder die sich naiv und dreimal hintereinander auf dubiose Haustürgeschäfte einlassen und hinterher gerettet werden müssen, weil sie sich einen vergifteten Kamm in die Kopfhaut rammen lassen. Oder die zu doof sind, einen Apfel anständig zu kauen, und hinterher einen creepy Typen heiraten, der sie ursprünglich tot in einem Glassarg mit nach Hause nehmen wollte.

In der Pädagogik und der Psychologie wimmelt es von Märchen und das aus einem einfachen Grund: Sie greifen menschliche Ängste auf, bieten Orientierung und am Ende, ja, da siegt das Gute über das Böse.

Ich als Deutschlehrerin weiß das ja alles. Trotzdem regen mich Märchenprinzessinnen kolossal auf. Was ist denn so toll an dem Schneewittchen? Gut, es ist wunderschön, genauer gesagt so schön, dass ein Killer auf es angesetzt wurde. Die Haut so weiß wie Schnee, die Lippen rot wie Blut, das Haar schwarz wie Ebenholz. Pfff. So sieht Marilyn Manson auch aus, im Prinzip, und der hat sie nicht mehr alle. Es ist ja nicht so, dass ich mich nicht auch mal früher wie eine Prinzessin gefühlt hätte, das sieht man nur nicht mehr so richtig.

Das Schneewittchen ist also schön, wahnsinnig naiv, wohnt mit sieben Männern zusammen und kümmert sich um deren Haushalt. Vielleicht hat ihr das ja tatsächlich gefallen, aber gut für die Rente wäre das heutzutage nicht. Wenn wir Kindern und Erwachsenen was mitgeben wollen, sollten wir die Märchen und deren Titel in die heutige Zeit transferieren.

Wie wäre es denn mit:
„Schneewittchen leistet unbezahlte Carearbeit"
„Schneewittchen ist polyamourös"
„Schneewittchen und das Mutter-Trauma"

Das Dumme ist ja, dass Prinzessinnenmärchen immer mit der Hochzeit aufhören. Happy End und so. Dabei fängt es doch da erst richtig an, spannend zu werden. Wie kommen sie denn klar, der Prinz und das Schneewittchen von heute? Arbeiten beide? Sozialer Bereich, Bildung, freie Wirtschaft? Wer arbeitet mehr? Und, was nicht dasselbe ist: Wer verdient mehr? Und falls die beiden Kinder haben, wer geht in Teilzeit? Wer von beiden geht das Risiko ein, durch diese Entscheidung karriere- und lohnmäßig keine nennenswerten Fortschritte zu machen?

Wahrscheinlich ist dies das Schneewittchen. Und so wartet sie einfach ab. Zusammen mit ihrer Dornröschen-Freundin, die hundert Jahre darauf gewartet hat, bis sie von einem horny Fummelprinzen geküsst wurde.

Warum sind Prinzessinnen eigentlich nie horny? Weil Prinzessinnen vieles schon früh gelernt haben: schön, aber nicht horny sein, lächeln, Konflikte vermeiden, fleißig sein, durchhalten und WARTEN.

Ich würde mich freuen über realistische Märchentitel, sowas wie:
„Schneewittchen und der Gender-Pay-Gap"
Oder „Schneewittchen lebt in Altersarmut"

Diese Liste ließe sich noch endlos fortsetzen. Jetzt mal ehrlich. Das Aschenputtel hat doch auch ewig auf jemanden gewartet, der sie erlöst. Und an wen ist sie dann geraten? An einen komischen Fußfetischisten.

Apropos Aschenputtel und ihr Prinz: Was passiert denn eigentlich mit den beiden, wenn die Kinder groß sind? Bekommt sie eine Sinnkrise? Geht sie in die Rückenschule und flirtet mit ihrem Physiotherapeuten? Und was macht der Prinz? Hangelt er sich an fremden Zöpfen Türme hoch? Kauft er sich ein E-Bike und hauteng Multifunktionsshirts? Vielleicht hat er fiese Geheimratsecken, färbt aber jetzt sein Haar schwarz und sieht aus wie Graf Zahl aus der Sesamstraße? Und auf seinem elektrischen Fahrrad wie Graf Zahl auf Speed?

Vielleicht fragt sie ihn manchmal, ob er nicht das Altglas an seinen Fahrradlenker hängen und zum Container bringen kann und er sagt dann: „Nein, Weib, denn ich transportiere bereits eine Literflasche mit einem isotonischen Getränk darin, auf dass ich nicht dehydriere!"

Es gibt aber auch moderne Prinzessinnen, wie zum Beispiel Prinzessin Lillifee. Prinzessin Lillifee hat gelbe Haare, ist ziemlich pink gekleidet und kann fliegen. Sie befindet sich in einer queeren Community mit den Mäusezwillingen Cindy und Clara und ihrem Eber Pupsi, der sich sehr für Mode interessiert. Dazu kommen noch Frosch Carlos, alleinerziehender Vater vieler Froschkinder, und der spaßige Igel Iwan.

Lillifee kann man nicht vorwerfen, ihr Leben lang auf etwas zu warten. „Lillifee und der Bergkristall", „Lillifee sucht den verlorenen Stern" und „Lillifee – das Freundebuch zum Reinschreiben" sind nur wenige Beispiele für ihre krassen Abenteuer.

Gestatten Sie mir zum Schluss etwas Ernstes: Wenn wir eine Gleichberechtigung wollen, ist Warten die schlechteste Option.

Warten prinzipiell und im Moment ganz besonders – drum sollten wir uns endlich bewegen. Es gibt in Deutschland mit der AfD nämlich eine Partei, welche beispielsweise die Pflicht zur Eizellenspende in Betracht zieht, um die Geburtenrate nach oben zu bringen. Oder die „deutsche Frau" wieder ausschließlich gebärend hinterm Herd stehend sieht. Auf TikTok propagandiert ein Politiker dieser Partei, der mehr Follower hat als jede einzelne deutsche Partei zusammen. „Jeder dritte Deutsche hat keine Freundin", sagt er, und ich bin nicht sicher, ob er aus Erfahrung spricht, hat er doch acht Kinder von drei Frauen. Und er hat auch gleich Tipps: Viel an die frische Luft gehen und sich nicht vom Fleischessen abhalten lassen. „Echte Männer sind rechts", sagt er. Was jeder vernünftige Mensch für Satire hält, wirkt mitten in unsere Kinderzimmer und Pausenhöfe hinein. Was für ein Schwachsinn.

Seien wir wachsam, seien wir laut. Nicht warten. Nicht Schneewittchen sein. Machen wir's wie im Froschkönig: Hauen wir den Frosch an die Wand – und bekommen trotzdem den Prinzen.

Empfehlung: Poetry Slam Sammelbände

Themenband 1
ISBN: 978-3-98809-002-7

Themenband 2
ISBN: 978-3-98809-004-1

Themenband 3
ISBN: 978-3-98809-009-6

je Themenband
12,95 EUR (DE)
13,40 EUR (A)
15,00 CHF (CH)

Themenband 4
ISBN: 978-3-98809-023-2

Themenband 5
ISBN: 978-3-98809-025-6

Unser gesamtes Programm gibt's unter:

www.dichterwettstreit-deluxe.de/shop

www.dichterwettstreit-deluxe.de

facebook.com/DichterwettstreitDeluxe

@dichterwettstreit_deluxe